血型小將
ABO
8

RealCrazyMan◎著　　彭玲林◎譯

『血型小將ABO』第八集終於出來了！

第一集出版時我開心到睡不著覺，一直想著：「我畫的漫畫居然要變成實體書了！居然要賣了！」接著第二集出版時，我則在心裡默默許願道：「血型有四種，如果可以出到四集就太好了！」在這裡要特別感謝一路支持的大家，多虧了你們，我才能順利達成這個心願。

十年前純粹抱著開心好玩的心態畫起短篇漫畫，沒想到現在畫漫畫已經成了我的職業。我很好奇再過十年的我，不曉得正在做什麼工作？會不會已經找到其他更有趣的愛好？如果十年後畫畫對我來說依然幸福又有趣，那我也期盼能帶著其他作品與各位讀者再次相會。

感謝上天賜給我這個機會，讓我能從事喜歡
的工作，最後，我想向以下幾位夥伴致上最
高的謝意：

追稿追到火燒屁股的 Sodam 出版社編輯組、
為了血型小將截稿而操心的 Naver Webtoon
金侑貞組長、負責血型小將 ABO 特別企劃的
K1 Media 金順光代表，以及在我趕稿忙碌時
幫忙上色、偷懶時在旁邊不停嘮叨的內人慶
熙小姐。

謝謝你們陪在我身旁。

目次

序

Part 2 小將的煩惱清單
Blood Type Problem List

Part 3 小將的吃貨紀錄
Blood Type Eating Diary

Part 1

小將的
玩樂時光

Blood Type Childhood
Memories

① 賞櫻時節

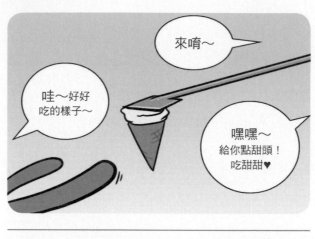

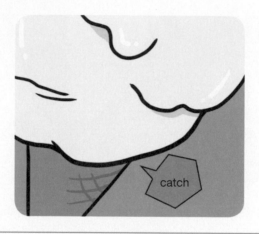

2 冬季旅行，出發

所有的狀況都考慮仔細，各種行車路線徹底調查妥當。

B型

聽著令人興奮（抓狂？）的音樂。

在社群網站上炫耀去旅行。

一上車就昏睡。

3 跑跑跑，跑行程

一到達就開始準備下一個目的地。

玩得樂不可支，然後樂極生悲……

立馬搜尋附近的美食店。

把朋友們的弱點一一挑出來。

4 耶誕節心願

5 耶誕節之後

他們專屬的耶誕節後記……

6 魯蛇的耶誕節

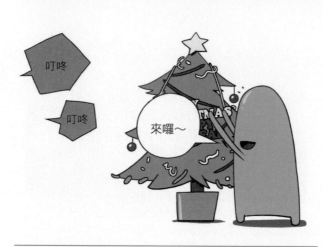

⑦ 新年期許

鵬程萬里：大鵬鳥往南飛行萬里的意思，也就是懷抱著遠大的夢想與願景，努力往目標前進。

上善若水：意思是最高的善行就跟水一樣，也就是要放低身段，過得像往低處流、造福這個世界的水一般。

專心致志：保持強大的專注力，持續朝目標前進。

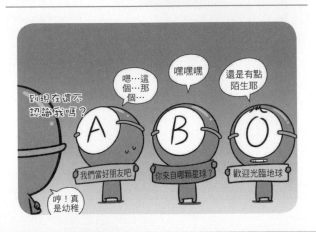

8 捉迷藏心理戰

掃描了要躲藏的地點之後，

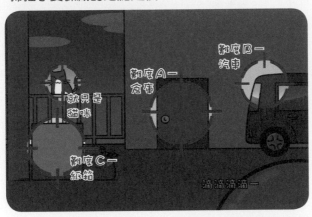

挑選了最難找的地點。

轉個彎再想一想，

結果想得太複雜了，反而掉入自己的陷阱裡。

B型

捉迷藏還沒開始，就被其他有趣的事物給吸引住了。

好勝心太強，反而把事情搞砸了。

否定自己本身的存在。

Part 2

小將的煩惱清單

Blood Type Problems List

9 眼睛中邪

⑩ 看房子

第一間

第二間

第三間

第四間

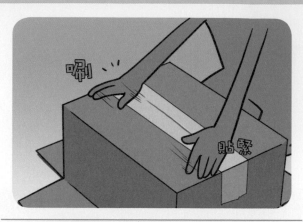

12 整理房間

13 幫倒忙

14 杜絕胡亂塗鴉

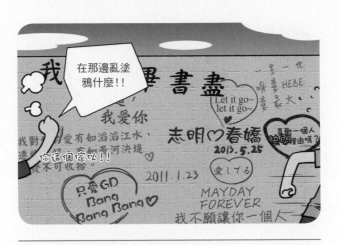

因為念幼稚園的女兒說要跟向日葵班的小新結婚，我羨慕忌妒恨才這麼做的，你們是不會懂的！

我下個月要去當兵了，想要讓女朋友自動離開我…英美啊，不要等我，你要幸福啊！嗚～～

壞…女人…我真的…很愛…我家…哥哥…你把他搶走…爛女人…走著瞧…我要你後悔…你死定了！

15 同事遲到了

美國紐澤西的某個設計工作室。

有一天公司某同事遲到許久，卻沒有任何的消息。

A型　A型一邊擔心同事不來的原因，一面打電話聯絡。

O型　O型僅僅只是好奇。（雖說是好奇，但卻什麼都沒做。）

B型覺得沒什麼大不了的。

AB型則是淡定地放馬後炮。

Part 3

小將的
吃貨紀錄
Blood Type Eating Diary

(16) 章魚披薩

哇～

帝王章魚披薩半價？？！！

50%

Hi

好飽

喔～這個超棒

嗯

A

B

AB

還有免費的生菜沙拉跟飲料！！

你是想吃披薩，正好沙拉跟飲料免費？

還是因為沙拉跟飲料免費才想吃披薩的？

嗯…欸…這個的…

這個問題還真難回答…

AB

還真是令人困惑

A

B

O

嗯？

內部整修中
一月中旬將以
更好的面貌
與各位見面

17 包餃子

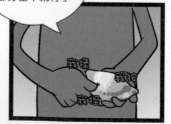

18 五花肉派對

不久之後

現在各位讀者可能會產生
「那個報紙的洞比頭還小，
怎麼能夠套得下去呢」
的疑問，對吧？

以後不要叫
我做這種事
情啦～

只要腳先進去就行了。

19 今天吃什麼

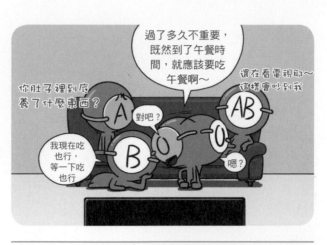

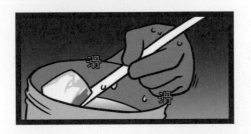

FAZ0358

血型小將 ABO 8

作　者
RealCrazyMan（朴東宣）

譯　者
彭玲林（O）

主　編	林巧涵（O）	總　監	蘇清霖（B）
美術設計	溫國群（A）	董事長	趙政岷（O）
內文排版	黃雅藍（B）	總經理	

出版者
時報文化出版企業股份有限公司
10803台北市和平西路三段240號三樓
發行專線 （02）2306-6842
讀者服務專線 0800-231-705（02）2304-7103
讀者服務傳真 （02）2304-6858
郵撥 1934-4724時報文化出版公司
信箱 台北郵政79～99信箱

時報悅讀網 www.readingtimes.com.tw
電子郵件信箱 ctliving@readingtimes.com.tw
血型小將臉書 http://www.facebook.com/BloodTypeABO
法律顧問 理律法律事務所 陳長文律師、李念祖律師
印刷 詠豐印刷有限公司
初版一刷 2016年12月16日
定價 新台幣220元
（缺頁或破損的書，請寄回更換）

時報文化出版公司成立於一九七五年，
並於一九九九年股票上櫃公開發行，於二○○八年脫離中時集團
非屬旺中，以「尊重智慧與創意的文化事業」為信念。
ISBN 978-957-13-6840-5
Printed in Taiwan

國家圖書館出版品預行編目資料

血型小將ABO / 朴東宣作；彭玲林譯. -- 初版.
-- 臺北市：時報文化, 2016.12-
ISBN 978-957-13-6840-5(第8冊：平裝)

1. 血型　2. 漫畫

293.6　　　　　　　　　　105021677